ACERTO DE CONTAS

THIAGO DE MELLO

ACERTO DE CONTAS

São Paulo
2015

© **Thiago de Mello, 2014**
1ª Edição, Global Editora, São Paulo 2015

Jefferson L. Alves – diretor editorial
Gustavo Henrique Tuna – editor assistente
Flávio Samuel – gerente de produção
Flavia Baggio – coordenadora editorial
Deborah Stafussi – assistente editorial
Elisa Andrade Buzzo – revisão
Eduardo Okuno – capa
Foto de capa – acervo pessoal do autor

Obra atualizada conforme o
NOVO ACORDO ORTOGRÁFICO DA LÍNGUA PORTUGUESA.

CIP-BRASIL. CATALOGAÇÃO NA PUBLICAÇÃO
SINDICATO NACIONAL DOS EDITORES DE LIVROS, RJ

M492a

    Mello, Thiago de, 1926-
    Acerto de contas / Thiago de Mello. – 1. ed. – São Paulo:
Global, 2015.

    ISBN 978-85-260-2209-6

    1. Poesia brasileira. I. Título.

15-22544   CDD: 869.91
                                                 CDU: 821.134.3(81)-1

Direitos Reservados

global editora e distribuidora ltda.
Rua Pirapitingui, 111 – Liberdade
CEP 01508-020 – São Paulo – SP
Tel.: (11) 3277-7999 – Fax: (11) 3277-8141
e-mail: global@globaleditora.com.br
www.globaleditora.com.br

Colabore com a produção científica e cultural.
Proibida a reprodução total ou parcial desta obra
sem a autorização do editor.

Nº de Catálogo: **3773**

Para
Joel Rufino dos Santos
Marcelo Cerqueira
Rogério Monteiro

e, cada dia mais vivos
na minha recordação,

Álvaro Lins
Alceu de Amoroso Lima
Anísio Teixeira
Antonio Candido
Aurélio Buarque de Holanda
Celso Furtado
Curt Meyer-Clason
Darcy Ribeiro
Eliseo Diego
Geir Campos
Gérard Bessière
Gilberto Freyre
Jorge Enrique Adoum
Jorge Sanhueza
José Ibrahim
José Lins do Rego
Luiz Bacellar
Marcio Moreira Alves
Mario Benedetti
Nicolás Guillén
Odilon Ribeiro Coutinho
Otto Maria Carpeaux
Paulo Alberto Monteiro de Barros
Paulo Freire
Plínio de Arruda Sampaio
Régine Mellac
Sérgio Milliet
Violeta Parra

ACERTO DE CONTAS

Zé Lins me disse n'*O Globo*:
– *O José quer te editar.*
E foi com José Olympio
que a carreira *começou.*
Soprou um *Vento geral.*

No tempo de Ênio Silveira,
homem por demais. Com ele
combati o bom combate.
Cantei no escuro. Deu cárcere.

Abri a porta do exílio,
entrou um moço bonito,
me abraçou: – Vim do Brasil,
quero o seu poema, ele é meu.
Editou os Estatutos
com o galo do Aldemir
anunciando a esperança.
Era o Waldir Martins Fontes,
estrela que não se apaga.

Rosemary Alves me soube.
Seu cocar iluminado
quis meu *Canto castelhano.*
Não pôde fazer milagre.
De uma vez por todas digo:
fui longe pela mão dela.

Isaac Maciel e Tenório Telles
ressuscitaram o gosto
que Manaus tinha de ler.
Vestiram o *Silêncio e palavra,*
primogênito meu, de linho branco HJ.

Sérgio Bath mostrou bilíngue
como *A Floresta vê o homem*.

Não fora o José Reinaldo
com a sua editora Pontes
nenhum leitor ia ver
o *Borges na luz de Borges*.

Quem primeiro enxergou
e mostrou para a Lily Sverner
a luz da *Pátria da Água*
foi o André meu Boccato
Com o olho do Marigo
e a graça dos índios Ticunas.

Com Luiz Alves de irmão
(sonhei que ele me esperava),
sigo cantando. Os poetas
da nossa América guardam
seu nome. Quem afinou
os bemóis e sustenidos

dos fonemas castelhanos
foi o Quartim de Moraes.
Sobrou fôlego. A carreira
não se acaba. Fiel a meu rio,
guardo a fé. *Como Sou*.

Conversei com Paulo, o apóstolo, ele permitiu
que eu me valesse do que falou para Timóteo,
quando fez seu ajuste de contas com a Vida:

Combati o bom combate,
acabei a carreira, guardei a fé.
(Carta a 2 Timóteo 4:7)

GOSTO DE ÁGUA PURA

A meu Pai

Vem do tempo de menino
seu gosto por água pura.
Sempre junto do cardume,
mas sem perder a postura.

Cuidando de procurar
nas coisas que já deixou
num mundo que está por vir
um viver com mais perfume.

O tempo é o que ele possui
para voar dentro do nada.
Vai levar a sua vida
da maneira que lhe caiba.

O seu rio é a sua casa,
sua fonte e aconchego.
Onde mora todos cantam
para amortecer o peso.

No futuro quando pensa,
é o passado o que ele tem.
E ao final de tudo, imune,
algo vai ficar pro bem.

Porém veio a se afoitar
e rumou para um oceano.
Novas águas que lhe sabem
vão lavar seu desengano.

A vontade e o bem-querer
não ficaram no caminho.
Os seus frutos já colheu
e não segue mais sozinho.

Thiago Thiago de Mello

ORDEM DO LIVRO

TUDO O QUE DE MIM SE PERDE
ACRESCENTA-SE AO QUE SOU 17
    Me desprendi do sol 19
    O ser em soneto 20
    Cântico de júbilo 21
    As inscrições 22
    Meu primeiro poema 23
    Com o silêncio molhado das funduras do meu rio 24
        I. As águas sabem 24
        II. O espanto do rio 26
    Implacável, o que passou 28
    Quem sabe o rio responde 29
    Confia, mas não tanto 30
    A dorseira 32
    Melhor que me cale 33

NA FOGUEIRA DO QUE FAÇO
POR AMOR ME QUEIMO INTEIRO 35
    A lição das águas 37
    Solilóquio ao pé do adeus 40
        I. Tu me deixas, eu te levo 40
        II. Afinal somos quem fomos 42
        III. Quem me dera 44
    Nem por isso 45
    Ouço estrelas que cantam 46
    A moça que amei no tempo do bonde 47
    Pétala de flor 49
    Sabor novo de viver 50
    Amor: pedra e musgo 51

O nome 52
Balada de uma criança que acaba de aprender a cantar.... 53
O cetro.. 56
As diferenças 58
A gaviã e a moça 60
Algumas intimidades.. 62
Os corpos dourados 63
Moça mulher linda mãe.. 65
Estrela de amor cadente 66
Resposta da cunhantã 67
*Une remarque d'*Hotel Esmeralda 69
Guardo.. 70
Ternura retardatária 71
Bem devagarinho... 73
Faça de conta 74
Amor de caracol 75

QUANDO A AMIZADE ALCANÇA
O FULGOR DAS ESTRELAS,... 77
Uma flor para Drummond... 79
O rio do João 81
Cântico pela vida de Lúcio Costa................................... 82
Voando vai a cotovia 86
Os seres encantados de Aldemir Martins 89
Barbosa Lima e as águas 93
Confidencia de esperanza para Daniel colombiano 94
Alícia livre e alada.. 96
A cor do amor 97
Era uma vez uma rosa 98
Louvação da luz de Sergio Ricardo................................ 100
Para la navidad de Pablo Milanés 102
Ventos amigos 103
Um ramo do rio Andirá para Euclides............................ 104

PÁTRIA DE TODAS AS ÁGUAS,
VERDE DE TODAS AS CORES 107
   É uma questão de amor 109
   A arte de Frans Krajcberg.. 113
   Criador faz é assim?.. 115
   Floresta 500 anos 117
   Vai para o banco de mogno 119
   Lucidez e devaneio 120
   Chico Mendes: sonho que cresce
   no coração da floresta 124

FAZ ESCURO MAS EU CANTO... 131
   É preciso fazer uma bandeira.. 133
   Agenda para os esquecidos da infância 135
   A estrela da manhã do exílio 137
   O império concede 138
   Editorial do *Jornal do Colégio* 140
   Mão do lixo 143
   Vou de Geir e Darcy 145
   Assim seja 147
   Un canto de cinco niños a los quince
   de los cinco 148
   Louvação das receitas encantadas do
   poeta Nicomedes Suárez 150
   A Terra traída 153

POEMA PERTO DO FIM 155
   Acerto de contas 157

O THIAGO É ASSIM.. 165

TUDO O QUE DE MIM SE PERDE
ACRESCENTA-SE AO QUE SOU

ME DESPRENDI DO SOL

*Para Ciro Figueiredo, irmão,
como se fôssemos os primeiros*

Me desprendi do sol. A bruma turva
se alastra e trava a proa da canoa
que sabe de águas, lépida de curvas,
mas se maldiz do rumo que destoa.

Me desprendi do sol. Já o tempo breve,
que me ensina lições de escuridão,
me diz que, fatigada, a luz da vida
já não ameiga a mágoa do caminho.

Navego sem temor. Desce serena
a mão deste crepúsculo que entrega
o sal da sua sombra. Me arde a pena

de feliz não ter feito a quem me quis.
Ensolarada dor, mas não me nega
o amor, que se deu todo no que fiz.

O SER EM SONETO

*Para o Tenório Telles,
ele me sabe*

Mas será que viver a pena vale
da vida que não vale sem a pena?
E o que é a pena de viver senão
aceitar dissabor, de coração?

Escrevo só por gosto, se desgosto
do amanhecer amargo, permaneço.
O amor me ensina, o desamor ajuda
a saber que só ganho o que mereço.

Coragem tenho de me ver. Contudo,
construo devagar o que mais quero:
findar me vendo no meu próprio espelho.

Valeu-me a vida quando descobri
que o ser é a minha própria gravidade.
Se ela desmaia, eu me desapareço.

CÂNTICO DE JÚBILO

*Ao meu Cony, Carlos Heitor,
e a Bia do lado dele*

Meu coração se aflige
quando fôlego lhe falta
para dar manhã bem cedo
o seu rubro *mirantã*
à voragem do meu sonho.

Sei que a qualquer momento
ele pode deixar de me valer.
Já por três vezes muito perto esteve
do desmaio, mas, fiel a seu destino,
se reergueu, não deixou que meu canto
restasse como insólita lembrança
de palavra feliz emudecida.

Como fulgor de aurora, me levanta
a alegria de ouvir meu coração
batendo firme, cântico de júbilo,
por me ver perseguir, perseverante.
Ele não sabe que algo se germina,
conspira escuro contra o seu fervor.
Nem poderá prever o instante certo
do seu silêncio. Não esteja perto.

AS INSCRIÇÕES

Guardo inscrições indeléveis
no meu torso malferido.
Talho de olhar que sumiu,
diamante fino de faro,
palavra ardente de gume.
Lanhos de silêncio, o pingo
de chuva que não secou,
dos lápis de cor da infância.

Guardei, o tempo escondeu,
tinta invisível no espaço
vazio que amor deixou.
Enganos de malquerenças,
bondades lavando ofensas.

O risco fino, encolhido
num canto do meu espanto,
é de um sonho pelo avesso.
Concedo que inscrito foi
pela ênfase da esperança.
Quando a lua mingua, punge.

Me dou bem com elas,
comigo caminham.
Indecifráveis, cantam,
o chão floresce.

MEU PRIMEIRO POEMA

Vi o meu amigo morrer
afundando no perau.
O que vai acontecer?

> *Manaus, 1938.*
> *Quem disse que era Poesia*
> *foi minha mãe dona Maria.*

COM O SILÊNCIO MOLHADO DAS FUNDURAS DO MEU RIO

*Para o meu Jânio, desde 1956,
o de Freitas, nós e o Otto Lara*

I
As águas sabem

Nenhuma boca humana,
descobriu o que escondi de mim,
nem revelou o fulgor que me perdeu.
Ninguém me disse a verdade
como o silêncio molhado
das sonoras profundezas.

O limpo lodo do tempo
me roça a luz da pergunta:
– *Sabes acaso onde estás?*
– Estou como sempre sou.
– *Já sabes dizer quem és?*
– Me saber já é o de somenos
nestas últimas braçadas.

Já não me queima, acompanha,
a obstinação desmedida
de me frequentar inteiro,
me enfiar por uns desvãos
onde se esconde invisível
o ser que persigo em sonho
e lhe ver o olhar caolho.
Deixou de ser tão narciso
quando aprendeu a me ver.

Crista de espuma esmaltada,
o silêncio me revela:

– Vejo uns laivos de lanhos,
um canto que se calou,
palavras murchas, resíduos
de lágrimas escondidas,
as asas de um cisne negro,
brasas que adormecem cinzas.
Vejo agora que se movem
umas pedras esverdeadas
num vão do teu pensamento.

Fagulhas ficam de estrelas
no cerne de quem viu mundos.
Mas não são ventos que agitem
a paz das contradições
próprias das profundidades.

Quis que me livrasse delas,
mas num rebojo alegre me agradou:
– O que o tempo não apaga,
água não sabe lavar.

II
O espanto do rio

Um só espanto ouvi das profundezas,
graças à vibração de barbatanas
que lhe esgarçaram a pele:
o de não ter divisado
pelos desvãos do meu ser,
sequer a sombra, nem vinco
encruado, resíduos de rancor,
nem caracóis de conchas engelhadas.

Preferiu, são bondades do silêncio,
não me contar como se dissolveram
na espessura impenetrável
da memória adormecida.

Mas o silêncio molhado
leva a bondade ao extremo
no amor pelo seu menino
que nas suas águas nadou
antes de saber andar,
planta no chão fatigado
assomos de juventude,
a certeza de que luz
não se separa da luz,

deita reservas da flama,
que acende a indignação.

Vagaroso subo ao sol,
me agasalho na flor d'água.
Sem me queixar do que sou,
deixo o rio me levar
guiado por meu amor.

Rio Andirá, Feira do Livro de Ribeirão Preto,
Docas de Belém do Pará, 2013.
Com Paulo André Barata a meu lado.

IMPLACÁVEL, O QUE PASSOU

*Para o Fabelo,
gênio cubano*

De implacável, o tempo
se fez bondoso.
Me deu
um pedaço do seu chão.
de lajes alagadiças
e avisou:
– Vai devagar,
não deixa a Vida te ver
de intimidades comigo.
Ela me respeita, sabe
que eu guardo o que já viveste,
disfarçado de memória,
manancial milagroso
e secreto, que te faz
capaz de inventar, urdir
uma vida que é só tua,
sem a qual te desconheces,
te perdes dentro de mim.

O tempo fala a verdade.
Sabe. Não quer é dizer,
que ele depende da Vida
para durar toda a viagem.
Tem jeito de ruindade
parar no melhor da festa.

QUEM SABE O RIO RESPONDE

Para o Arteiro Menezes

O que, pergunto ao rio, quer de mim
a Vida, aqui no Tempo, o que pretende
do meu passo cambaio ou que segredo
me deseja do sonho fatigado?
Quando me vê na beira do delírio,
finge que não me ouviu. Segue no vento
pastoreando os seus carneiros brancos.

Das águas ganho, de menino, o límpido
aconchego. Entendo os seus silêncios.
Elas sabem que tenho os dias duros,
duros de tantos vãos padecimentos,
este verso, perdão, é do Bandeira
e sabe a queixa. Vida, se reclamo,
é do meu passo enganador, eu te amo.

CONFIA, MAS NÃO TANTO

Para o Claudio Leal

Te comove a beleza
da nuvem, uma estátua
esplêndida de mármore.
Pois lá vem vindo o vento
cheio de bocas, a nuvem,
vapor d'água, se esvai.

Não te fies no fulgor
suave do olhar que encanta.
Dentro dele, brasa fria,
outros olhos te decifram
a escritura do silêncio.

Pondera bem a extrema
serenidade da pele
das águas que te sabem
a precisão de paz.
Debaixo dela, monstros
ferozes que não dormem
na espera infalível,
destroçando o teu barco
e o sonho da proa.

Confia, sim, na rosa
feiticeira que se abre
faceira para mostrar

a fugaz eternidade
das pétalas murchando.

Confiar mesmo só na vida.
Até quando não supor
o turvo peso da dor,
ela guarda o diamante
de uma inefável leveza.
A vida não é traição
(enganaram o bardo).

Mas a morte te espreita dentro dela.

A DORSEIRA

Na praça que eu fui,
passando fogueira,
menino eu cantava
no meio da roda:

> *Na mão direita eu tenho*
> *uma roseira*
> *que dá flor,*
> *que dá flor na primavera.*

No beco que eu sou
(como as praças encolhem!)
o antigo menino
em desconsolo canta:

> *No lado esquerdo eu tenho*
> *uma dorseira*
> *que dá dor*
> *que dá dor nem que eu não queira.*

Entra na roda, Radi.*

*O Radi por quem chamo,
é o Macruz, sábio querido.

MELHOR QUE ME CALE

Vi que a anágua era bordada,
foi um rompante do olhar.
C'est une façon de dire
de quem o tempo diverte
com um suor de juventude.

Só o suor. O corpo sabe
que as suas virtudes de homem
não dão bem duro no couro
e já batem o surdo mal.
Declínio dialético: fica
ungido pela doçura
sinuosa da curvatura
do ombro que desce, repousa
na enseada da cintura,
de fôlego grande envolve
a carnação do quadril.

Então por quê? me pergunto.
Não sei. Fico sem saber.
A vida sabe o que faz.
Será? Chega de pergunta.
Das forquilhas do jambeiro,
onde as corujas cochilam,
pede a noite que me cale.
Deixe o silêncio sonoro
da mata que por mim fale.

NA FOGUEIRA DO QUE FAÇO
POR AMOR ME QUEIMO INTEIRO

A LIÇÃO DAS ÁGUAS

Hoje nada me disse a antemanhã,
cujo palor perseverante espero
debruçado defronte do meu rio,
no silêncio sonoro da floresta
que me tem de nascença.
Mal me vê,
fala suave que a vida nunca é vã,
que merecer o vento me chamando,
ganhar o voo alvíssimo da garça,
a luz do riso de uma criança triste,
a palavra estrelada na memória,
faria do meu dia a explicação
da beleza da vida e a advertência
de que tudo que dói sempre tem fim.

Mas hoje a luz da aurora não falou,
na clara boca um laivo entristecido.
Concedo então que só de mim dependo
para lavar a falta que me faz
o pássaro-cantor que se calou.

De repente, gravado na água, leio
rutilante recado para mim:
na dor da tua perda cresce o amor.

14 de outubro de 2005.
Um ano sem o Manuelzinho.

Meu filho me desenhou como sou.

SOLILÓQUIO AO PÉ DO ADEUS

I
Tu me deixas, eu te levo

Vim voando. Quando cheguei
já não falavas, as pálpebras
protegiam teu segredo,
as mãos sem voz e, contudo,
tinhas os pés no futuro.

Como cresceste, ficaste
enorme. Do teu tamanho.
Calado profundamente,
no dizer do teu Bandeira
xará, padrinho e profeta
que (eras criança) ao te ouvir,
noite minguante, querer
saber quem quebrou a lua,
achou que ias *dar em poeta.*
Ouço a dor da tua perda
sobre os telhados das casas
e as ruas do esquecimento.

Quando cessou o sussurro
do teu alento ajudado
pela ciência, bemol triste,
clave do adeus, o silêncio
do velório estremeceu,

gritou na minha memória.
a sílaba derradeira
(que lá do teu mar atlântico
varou a noite do meu rio),
tu me reclamando:
     – *PAI!*
rasgou o tempo e o chão da vida.

Foi quando ouvi os teus *cavalos,*
galopando sobre o mar.
Tu me deixas, eu te levo.
Ai, quem te leva sou eu,
Tu me regressas, cantando.

II
Afinal somos quem fomos

O assunto da eternidade
sempre foi contigo mesmo.
Te sinto muito à vontade
nos tabuleiros em flor,
bem senhor do teu caminho.

O mundo não é só aqui.
Decerto já tens aí
amigos que te ganharam.
Pelo menos espalhavas
esta certeza macia
na fronte de um caminhão.

Pois então te tenho a gosto
de pedir que enfim me laves
as sombras da indagação
que fiz, desde que chegaste
disfarçando canto em pranto.

De que mundo tu de tantos
mundos chegaste, já sabes?
E de tantos, para qual
mundo dos mundos te foste
guiado por dois arco-íris

que velozes se acenderam
apenas mal começavas
a caminhada sem fim?

Quem sabe eras tu cantando
em silenciosos bemóis,
que ninguém te perguntasse
para onde é que estavas indo,
nem fossem te procurar,
que te deixassem sozinho,
estrela de um só momento,
ameaçando o firmamento.

Pois estamos combinados,
um dia vais me dizer:
Por isso somos quem fomos.

III
Quem me dera

Não é só porque te perdi.
Peno porque não fiquei.

Desceste a serra só para me ver.
E eu não senti, como não pressenti
que aquela vez ia ser a derradeira?

Quando te abracei a cabeça
para o beijo, me pediste:
– *Companheiro, fica.*
– *Quem me dera, meu filho,*
está na horinha do avião.

No teu olhar ardia, mansa,
a luz de uma estrela entristecida.

Varei nuvens, varei verdes,
passaram dias, a voz
da tua irmã chegou doendo
no meio da madrugada
me chamando.

NEM POR ISSO

O amor que me inventei não te levou
ao encontro do pássaro encantado
que em cântaro profundo te esperava.

As águas desse encanto jamais cessam,
nem se apagam estrelas que te guardam.

OUÇO ESTRELAS QUE CANTAM

*Para o Hermann Schultz,
meu editor alemão*

Ouço estrelas que cantam
no aconchego do meu peito.
Os meus neurônios se espantam:
como podem coronárias
fatigadas celebrar,
como se eu fosse um menino
que acabara de cortar
e aparar um papagaio,
este gosto deslumbrado,
que cresce, de amar a vida,
a que, de milagre, vivo,
a que me está por viver.

A MOÇA QUE AMEI
NO TEMPO DO BONDE

Ela reclinava o rosto,
me olhava perguntando
se era verdade mesmo.

A curva do ombro dela
era demorada, dizia
segredos que eu nem suspeitava.

Ela pedia e eu contava,
a minha infância na floresta,
o olhar dela é que me ouvia.
Um dia falei que boto encantava,
ela pediu: – *Inventa mais*.

De tanta delicadeza,
virava coisa encantada:
o pouso fugaz da mão
no meu joelho descuidado,
era a linguagem macia
do seu jeito de ficar.

Boa de nado e de dança,
toda vez que ela fazia
uma chuva de *pirouettes*
(a plateia pendurada
no delírio corporal)

me levava e nem sabia
na ponta das sapatilhas.

Ela ia chegar de tardinha.
Reconheci o grito dela,
mais alto do que o terrível
estrondo do bonde.
Desci a escada, chamando.

Me debrucei no seu rosto
sem luz.
Ela me abraçou
com o silêncio do seu sangue.

PÉTALA DE FLOR

Amadeu de Barreirinha,
tenho nome de canção.
Nas águas densas do Reno
Encontrei o teu coração.
Pétala de flor.

Nem a brisa nem a espuma
Sabem o dom do teu candor.
Tens a força delicada
De uma pétala de flor.
Pétala de flor.

Outras mãos que te afagaram
só merecem meu louvor.
Mas a luz do teu orvalho
foi meu amor que inventou.
Pétala de flor.

> *Eu, o violão*
> *e a Catharina Wendt,*
> *na noite de Mainz, 1974.*

SABOR NOVO DE VIVER

Do coração contente, as coronárias,
nunca direi perversas, ofendidas
cobraram por extravagâncias várias,
pelo amor imperfeito pretendidas.

Posso dizer de mim que não profiro
palavras vãs. O sol do amanhecer
está me olhando e sabe: me prefiro
meigo de luz para te merecer.

Um dia, bem me lembra, foi no Chile,
chegaste me pedindo sol e sombra,
instante e eternidade, era um desfile

de tudo o que sonhaste, inaugurando
na luz dos teus cabelos, nos teus ombros,
um sabor novo de viver: amando.

Santiago do Chile, 1962.

AMOR: PEDRA E MUSGO

A pena de não vê-la,
já se esgarça em outra
mais funda, a de perdê-la.
A ausência que me guia
a atravessar o dia,
no meu peito se muda
em flor, mas suas pétalas
vão se vertendo em pedra
recoberta de musgo.

Foi tudo o que sobrou
do querido esplendor.
Até o inocente musgo
me desconhece a mão.

O NOME

*Cada vez que o amor
te estremece de alegria,
No mesmo instante
um pássaro de asas morenas
atravessa o meu peito.*

Copio versos queridos

pra moça que me salvou
com safenas de ternura.
Não posso deixar de dar,
nesta festa de milagres,
o nome dela: Ana Teresa.

BALADA DE UMA CRIANÇA QUE ACABA DE APRENDER A CANTAR

Quando eu nasci, na floresta,
Era meio-dia em pino!
Minha avó Veridiana
foi quem me pegou. Olhou
o sol e viu: isso é destino.
Cortou-me o cordão da vida,
jogou no rio, dizendo:
– Um dia ele vai saber
para o que foi que chegou.
Ah, Veridiana cigana,
naquele instante fundavas
a ternura derradeira.

Acordo na antemanhã,
me debruço na ventana,
a voz da brisa abana
o nome que ainda não digo.

Mergulho fundo nas águas
do rio que viaja em mim,
uma onda vem cavalgante
cantando: Sou andirana,
sei a quem vais encontrar,
então leva a minha bênção,
de claridão meridiana.

Como é do meu gosto, fui
falar com a *acapurana*,
a árvore amiga que sabe
tudo de mim, desde a infância.
Ela é sábia, me previne,
me faz festa e diz segredos.
Vai feliz, és merecido,
o teu jeito não me engana,
leva esta rosa encantada,
araucária de *auracana*.

Consulto as claves do céu
e vejo uma caravana
de nuvens, são dançarinas,
pássaros escrevem poemas,
índias bolivianas em *quechua*
cantando *oiticumana,oiticumana*.

Preciso atender o tempo,
que chega de pele nova.
O barco está me esperando.
Subo correndo os degraus
de cedro, e quem eu vejo
soberbo no parapeito?
O tucano Flor da Mata.
Me enganei, era a tucana
que comia em minha mão.

Já sei onde vais, diz, espera,
toma primeiro esta pluma
perfumada de japana.

O meu barco vara ventos,
abriu não sei quantos mares,
nunca navegou tão firme
da vontade de chegar.
Mas escuto uns baques surdos
e penso que é do motor.
Mas é o meu peito que bate,
e canta como campana,
ela já está me esperando:
– Pollyanna, Pollyanna!

O CETRO

O cetro, âmago de mármore
– no castão, meu sonho ardia
gravado a brasa de orvalho.
Ganhei de mãos inventoras
da alegria que não cessa,
do fugaz que permanece:
as tuas, moça pastora.

A sombra que me cingia,
adivinhosa do encontro,
se fez solene perante
o resplendor de esmeraldas
escorrendo do teu torso.

O cetro. Cheio de bocas,
me deu (voz de muitas águas)
olhos, pés, caminho e rumo:
– *Poder régio crescerá*
de amor no chão dos teus dias,
para que bondade sirvas
a quem tem mando de aurora.

Vigília e sonho, te sirvo
de palavras, peles, pássaros,
páginas e penas.

De prêmio
cresço e canto em teus cabelos,
és a clave do milagre.

Respiras e eu me decifro.
Somos a nossa invenção.
Mas do teu peito é que nasce
o sortilégio do cetro.

> *Na casa da Vila Georgette,*
> *Manaus, 2007.*

AS DIFERENÇAS

Bem-vindas, meu amor, as diferenças
que, reunidas na sombra do milagre,
nos revelaram poderes da aurora.

Foi quando a tua mão, mármore fresco,
afagou minha fronte enamorada
e a infância me levou para a montanha

de onde desce um regato de esmeraldas.
O teu passo maneiro estremeceu
as pedras do meu chão esperançosas.

Só as diferenças o palor explicam,
o que a cidade fez do antigo encanto:
o orvalho inaugurou lágrimas de ágatas.

Que de alegria seja sempre o cântico
por merecer do amor o sortilégio
de não deixar a diferença urdir

o sal desunidor da divergência.
Um grão, que nem precisa ser do grosso,
prevalecido de sua brancura,

se crava e morde a pele alva da paz.
E não como os dois rios da floresta,
que nunca se misturam. Sejam águas

as nossas diferenças, amorosas,
que unidas corram, livres e abraçadas.

A GAVIÃ E A MOÇA

A floresta já amanhece.
Sei pelo som do silêncio.
A coruja quer dormir,
se despede das estrelas.
O rio me recomeça
o amor que o sono guardou.
A *acapurana* me entrega
sua fava de suavidade.

É quando o dia começa.
A gaviã madrugadora
mal me vê, já debruçado
no parapeito, cismando
com as coisas que as águas contam,
pousa a meu lado e me dá
uma graça do seu canto,
que não chega a ser mavioso.

Mas sem desfazer das artes
da sabiá feiticeira,
nem as da rola morena
que de penas cobre o colo
da cabocla adormecida,
a gaviã de peito azul
da Freguesia do Andirá
tem um saber delicado
que certa moça cativa
do meu coração não tem.

Ela já gosta, mas tanto,
de quem gosta de suas asas
quando voa e quando pousa,
que agradece, bailarina,
inventa passos no espaço.

Eu disse asas, não ancas.
Ancas a moça é quem tem,
a que guardo no meu peito.
Delicadezas de cântaro!

Mas não dançam quando eu canto.

ALGUMAS INTIMIDADES

Amanheço antes dos pássaros,
a coruja *saynara* já dormiu.
Um gavião corta a madrugada,
as jaçanãs brincam na areia.
Nuvens rentes ao verde,
cedinho, tão luminosas.
Não distingo a que vem
de vez em quando me ver.

As águas falam, cantam, sabem coisas.
Bem-aventurados os que nasceram
com o dom não apenas de entendê-las,
mas que elas gostem de ser entendidas.
Hoje de tardinha uma dessas ondas
que a gente chama de carneirinho branco
chegou me avisando, lá de longe,
que vai vir vento geral e que a Yara
apareceu ontem de noite na proa
de uma canoa no Lago das Piranhas.
Parece, ela não garante, mas parece
que levou o marido da Rosa lá pro fundo,
onde fica o palácio dela, recoberto
de escamas e de espumas coloridas.
Quis perguntar se não era conversa de onda,
preferi pedir que ela não contasse para a Rosa.

OS CORPOS DOURADOS

Sonhei (toda noite sonho
com quem vivi no meu dia)
que eu cuidava, amanhecia,
do meu vaso de açucenas
e dos três trevos lilases
que me deste.
Adivinhaste:
dou por ti junto de mim.
Preferia estar sonhando
sozinho, quase dizia.
Mas calei sobressaltado
quando senti, perfumada,
a tua respiração
me orvalhando de esmeraldas
e vi os teus olhos pedindo
a flor que eu tinha guardada
no peito, só para o sonho
da tua vinda, queria,
cantar dormindo os teus olhos
eram dois rubis serenos
dois símbolos amenos,*
mas me contive, no sonho
quando eu canto o sonho acaba.

Acabou? Todo estrelado
de açucenas e de trevos,
abriu-se um chão, o perfume
de erva molhada se ergueu
do abraço dos nossos corpos
dourados na escuridão.

Wuppertal, 1975.
* No exílio, o Orlando Silva
me cantava todo dia.

MOÇA MULHER LINDA MÃE

Trago uma flor orvalhada
pelo sereno da vida,
para brindar tua alegria
do milagre de ser mãe.

Ficaste mais poderosa
da bênção de ser mulher.

Sem te dar conta (nasceu
contigo), foste avisada
que a tua criança só pode
crescer mais do que feliz,
se desde agora, servida
pela seiva, luz sagrada
de mulher-mãe. Cada gota
da tua aurora maternal,
funda no chão do seu tempo
o rumo bom de seguir.

Só tu sabes ver: na fronte
da tua criança já fulgura
uma estrela diferente:
para acender a esperança
do mundo que anoiteceu.

ESTRELA DE AMOR CADENTE

No céu do meu ocaso,
foi a que mais brilhou.
Inusitada estrela,
de luz quase insensata:
dei de acordar sonhando
que o seu fulgor durava
até o fim do meu sol.
No chão do meu peito
crescia dançando,
ardente bailarina.

Numa noite de esperanças
ela escapuliu do céu:
era cadente, nascera
de um dos acasos celestes.

Lua minguante a procuro
(era a que mais brilhava).
Nem o seu lugar vazio
encontro. Apagou.

RESPOSTA DA CUNHANTÃ

Meu corpo de cunhantã
tem as curvas do meu rio.
Nado sem mover os braços,
feito uma garça no céu.
Cunhantã curimatã,
vou correndo rente à areia,
entre o capim-canarana.
Mulher moça de água e verde,
meu corpo de cunhantã
brilha na luz da manhã.

Trabalho desde menina,
como toda cunhantã
ribeirinha da floresta.
Faço roça, corto lenha
e pesco de malhadeira
a branquinha e o matrinxã.
Os calos de minha mão
têm a maciez de pétalas,
mas só tem minha carícia
quem achar a flor que dorme
no peito da cunhantã.

Eu amo, canto e trabalho.
Ajeito um pacu de brasa
na folha de bananeira.

Preparo um curimatã
Com alho, sal e alfavaca,
costela de tambaqui
com pimenta murupi.

Não tenho medo de boto.
Gosto mesmo é de caboclo.
De mim um poeta já disse
que sou *cunhantã dourada*,
me deu um banho de cheiro
com vindicá, pau-d'angola,
sândalo, chama e girão.
Ficou faltando a ternura
prometida. Não faz mal.

Eu sei que ele vem de novo,
pingando água do Andirá,
me oferecendo na cuia
a seiva do mirantã.
Cunhantã dá de presente
a claridão da manhã,
ele acorda a flor do peito,
quem sabe nasce milagre
de amor, que bom que vai ser.

*UNE REMARQUE D'*HOTEL ESMERALDA

Te sonho inteira me olhando
sob o sol do órgão
de Notre Dame:

        Começo
devagarinho a aprender
os fonemas dos teus cabelos,
e a cantar na clave musical
do silêncio da tua pele.

Quando ouço a felicidade
das tuas narinas, te chamo.
*A palavra apaga
      o prodígio do sonho.*

GUARDO

Um pássaro de ouro
descansa em meu peito
as asas fatigadas
da longa travessia.

Me entrega, mas pede
que guarde em segredo,
uma esmeralda. E voa.

TERNURA RETARDATÁRIA

Porque não desanimei
de repartir a esperança,
ganhei o prêmio da tua luz.

Cheguei sem saber que estavas.
Não te vi, mas um fulgor
me levou ao teu encontro.

Do teu olhar nasceu
uma asa orvalhada
que roçou de leve o espaço
breve que nos afastava,
porém sem nos separar
e gravou na minha fronte
límpido timbre indelével:
ternura retardatária.

O pássaro da noite
só dormia abraçado
com a estrela demorada.
Eis que um dia o seu céu
virou um chão pelo avesso.

No pino do sol terrestre
a estrela-d'alva chegou:
sua chama, fero fulgor.
O pássaro se queimou.

***

De vez em quando amanhece
um diamante sonoro
cantando no lugar
onde a memória guarda
o rastro do voo fugaz
daquela asa orvalhada.

BEM DEVAGARINHO

Primeiro foste chegando,
como se eu te conhecesse
desde a relva da infância.

Então foi a tua voz,
a música eu conhecia,
dizendo que era um milagre.

De momento, na entressombra,
senti os dedos dos teus pés
me inaugurando um caminho

muito devagarinho,
enquanto me segredavas
umas palavras molhadas.

Quando me entregaste o rosto,
me apaziguou a paz
de tuas sobrancelhas.

FAÇA DE CONTA

Faça de conta que somos
duas crianças andando
cantando em frente do mar,
enquanto a noite não vem.
(Pressinto que noite grande
já está a caminho.) Mas faça
de conta que eu não lhe dei
este aviso e vou contando
uma história tão bonita
de um amor que é como o mar
que não se acaba. Pois faça
de conta que é o nosso amor.

E quando a noite descer
e a sombra der no meu chão,
você vai lembrar da história.
Com ela, faça de conta
que a luz pura do seu dia
me alcança e seremos sempre
duas crianças andando,
cantando em frente do mar.

Mas, amor, faça de conta
que essa história de nós dois
não tem nada de invenção.

AMOR DE CARACOL

Na concha de sol e sal,
indiferença e minério,
eu, caracol, em meus círculos,
vivo. Não sonho nem penso.

De instinto me fiz assim,
urdido para servir
ao mar, dele me nutrir.
Sou um corpo estranho a mim.

me fabrico, sem saber,
a casa e a carne me comem.
Guardião do rumor do mar,
iguaria fina de homem.

Concluído, quando me vejo,
me surpreende a perfeição
circular da minha própria
geometria. Sem noção
de serventia, me encolho,
entretenho o meu exílio
sonhando com as estrelas.

Antigo
caracol da Andaluzia,
cantando disse que *são
luzes que todos levamos
sobre as nossas cabeças.**
Tomara um dia eu as veja.

* Versos de García Lorca.

QUANDO A AMIZADE ALCANÇA
O FULGOR DAS ESTRELAS,
PRESCINDE DO CONVÍVIO,
ELIDE O TEMPO E CANTA
NA MEMÓRIA

(Quando escrevi estas linhas,
o Cony ficou me olhando
do retrato na parede.)

UMA FLOR PARA DRUMMOND

Enquanto o mundo escurece
e marca no peito do homem
o sinal da solidão,
tua poesia amanhece,
acende o gosto da vida,
aconchega o coração.

Tu nos ensinas a crer:
do asfalto sujo e sofrido
pode nascer uma flor.
E nos advertes, fraterno,
que o essencial é viver
(mas sem mistificação)
e que amar se aprende amando.

Para o tempo que envelhece,
dás o segredo da infância,
abres num chão de palavras
a vereda da esperança.

Na luz deste amanhecer,
Queria inventar um som,
um pássaro de alegria,
um cântico de clarim
que fosse acordando os homens:

– Hoje a Poesia faz festa
para o natal do Drummond.

Mas prefiro simplesmente
te oferecer esta flor
comovida. Toda amor.

> *(Versos que li, a pedido de Armando Nogueira, no Jornal Nacional da TV Globo, pelos 80 anos do poeta, 30 de novembro de 1986.)*

O RIO DO JOÃO

Ninguém soube louvar ou preferiu
(seca se quer a crítica) encobrir
o que meu peito alegre sempre viu
na ternura dispersa do João.
Os seus octossílabos de cadência
relimada, pernambucano ourives,
mais do que ciência pedem pirilampos
para sorver o sol que neles sonha.
Do meu rio Andirá, de essência o mesmo
Capibaribe que ele decifrou,
a manhã da água me contou que o João
inaugurou outra margem, severina
e eterna, urdida em barro de palavras.
Nos deixou, trabalhoso caminhante,
um rio que canta e encanta a cada instante.

CÂNTICO PELA VIDA DE LÚCIO COSTA

Inventor de cidades e de estrelas.
Mão que grava no espaço a luz que dura.
Vida que se cumpriu no engrandecer
a beleza da condição humana.
O Lúcio Costa é assim.

Gosto de dizer seu nome
em voz alta, debruçado
no parapeito de cedro
amazônico da casa
que ele inventou para mim.

Junto a mãos caboclas sábias,
mestre de obras e aprendiz
fui da alegria que nasce
do poder do gênio humano.

Quando já de andaimes altos,
troncos esguios de açaí
engatados com cipós,
de sucupira e itaúba,
fui ao Rio mostrar-lhe as fotos.

– *Maria Elisa, vem ver,*
Olha aqui, ele está fazendo!
Muito obrigado!
E me abraçou. Eu chorei.

***

O Lúcio Costa é assim:
traça uma cruz no papel
e eis que dela se acende
o poder de um sortilégio
com formato de cidade.
Uma imensa mariposa
pousa nela. Estende as asas
e inaugura a fundação
da esperança num porvir
de crianças que vão nascer.

Escrevo na claridão
ardente do meio-dia.
o vento da várzea areja
o livro que me acompanha,
Registro de Uma Vivência.

***

O Lúcio é assim, me ensinou:
os prodígios da ciência,
que, audaciosos, frequentam
a intimidade dos astros,
não sabem ouvir o pranto
do coração de uma criança,

demoram para atender
as esperanças do homem,
esse animal que *é o remate
da evolução do universo.*

Sozinho na madrugada
de Brasília, seu milagre,
leio, me cresço e releio
(o amor esplende na página)
o que cego e poderoso
de juventude, escreveu,
me distinguindo a virtude
de maior merecimento.
Não dedicou ao poeta
nem à ternura do amigo.
Mas ao filho da floresta
onde a sua Mãe nasceu:
*Para o Thiago,
que é da terra da mamãe.*

(Lido na abertura da exposição Lúcio Costa Arquiteto
no Museu Nacional da República de Brasília, maio de 2010.
Com Maria Elisa, Helena e Juca Guimarães.)

Desenho de Lúcio Costa da casa por ele projetada para Thiago de Mello, em Barreirinhas, Amazonas.

Foto da casa de Thiago de Mello.

VOANDO VAI A COTOVIA

Para o Armando, 1990

*Voando contente vai sobre a floresta
meu coração de criança. Sabe a festa
esta viagem que dura mais de um dia
pela água e pelo céu. Mais andaria
só para ouvir de novo a fala mansa
de certo amigo. A vida vale a pena.*

Valeu. Vinte anos depois
atravesso o céu de novo,
preciso muito estar junto
do amigo que deu ventura
e beleza à minha vida,
à dele tão semelhante:
as duas se *amalgamavam*
pelo sal das diferenças.

Só que desta vez não vamos
nos dar o abraço ritual
com os versos do Bandeira.

Eu chegava e dizia:
– *Alô, cotovia!*
Por onde voaste,
Por onde andaste,
Que tantas saudades me deixaste?

Contente ele respondia:
– *Andei onde deu o vento.*
Onde foi meu pensamento.

– *Muito contas, cotovia!*
E que outras terras distantes
Visitaste?

Desta vez, tanto eu queria!,
Armando não me responde.
Não vou ouvir a sua suave
fala de sabedoria,
o timbre acreano profundo.

Só vou ver, paz merecida,
pela derradeira vez,
o meu amigo dormindo.

Sei que voando vai distante,
Muito   querida
     longe   cotovia
          voando
              longe

Noite de 29 de março de 2010.

> No VÔO DAS GAZELAS, eu senti, sempre, o sopro definitivamente poético do meu velho e querido Thiago de Melo. E foi decisiva a ajuda do poeta na realização do livro.
> Vai, poeta, nas asas delas!
>
> O teu Armando

Dedicatória de Armando Nogueira para Thiago no livro *O voo das Gazelas*.

OS SERES ENCANTADOS DE ALDEMIR MARTINS

Na floresta amanhecida
ouço pisadas macias
vagarosas, na varanda
afagada pela brisa
que embala a renda da rede.

São do galo altivo e rubro,
olhar adunco, esporões
agudos, contudo meigos,
que desceu lá do meu quadro,
moldura de mogno antigo,
para me avisar cantando,
num timbre triste cantando
que o ateliê ficou vazio
do seu mágico inventor
e no cavalete a tela
está uma brancura só.

É quando vem, deslizando
pela parede onde reina
o gato azul que ganhei
na volta do exílio, sabe
adivinhar minhas cismas,
me olha doce, mas severo,
quando me vê mal perdido,
doido pelo verbo exato,

que já me deu redondilhas
e agora chega sinuoso,
meio de esguelha, num salto
se aconchega no meu colo
e me diz rosnando:
– *Quero*
sonhar com ele.
E adormece.

Repouso no parapeito,
perante todas as cores
que de Ingazeiras chegaram
para banhar o meu rio
e pertinho da beirada
vejo, de verdade vejo
(não me assombro, o sortilégio
conheço do cearense)
o pacu de peito verde
e o curimatã faceiro
de escamas de madrepérolas,
os dois fazendo perfeito
um nado sincronizado,
coreografia de amor
para o fulgor de Aldemir.

O galo, o gato, o pacu
e o curimatã, calados
voltaram para os seus quadros.
Não me vou cansar de vê-los.
Mas o amigo, nunca mais.

Manhã de janeiro, 2006.

Galo, de Aldemir Martins.

BARBOSA LIMA E AS ÁGUAS

Morreu Barbosa Lima!
                    Mal eu disse.
para as águas da minha infância o nome
do bravo brasileiro, ouvi que o rio
me respondia grave:
                    – Ele era um homem.

Contigo dele aprendo quando leio
na tua página profunda, tudo
que sua vida plantou na alma da pátria
e comovido elevas no teu canto.

E do seu destemor, do poderoso
fôlego de luz e de esperança,
ventos irmãos antes já me cantaram
a palavra que ardente proferia

e que amorosa agora nos recobre
como um arco-íris de perseverança.

2014

CONFIDENCIA DE ESPERANZA PARA DANIEL COLOMBIANO

Yo volaba con tu padre
(corazón perseverante)
por el cielo colombiano
cuando supe, Daniel,
que acababas de llegar.

Como un hombre jamás puede
mentir a un niño, pues hiere
la esmeralda de la infancia,
te cuento que lo primero
que me vino fue decirte
perdona, por este mundo
que los hombres preparamos
para recibirte:
la indiferencia alejando
una mano de otra mano
y el desamor recubriendo
de triste ceniza el suelo
donde vas a inaugurar
tus caminos y tus cánticos.

Pero luego se acendió
dentro de mí el milagro
de tu presencia:
            llegar
es aviso de comienzo.
Que bueno, Daniel, ayuda,

estamos muy carecidos
del fulgor de ese diamante
que ya llegas repartiendo.

Colombia Vive, 2008.

ALÍCIA LIVRE E ALADA

Alícia, livre e alada,
parenta dos pássaros,
companheira do vento.

Alícia livre e alada.
pétala do sol cubano,
o espaço dança contigo.

Tens a delicadeza da palmeira
e a vibração do canavial bailando
no amanhecer da esperança

Alícia livre e alada,
tuas mãos nos ensinam
a linguagem da luz.

Teu corpo escreve no tempo
o poder transparente da Poesia.
Alícia livre e alada.

*Lido em cena aberta no Teatro Municipal
do Rio de Janeiro, ao final da primeira apresentação
do Ballet Nacional de Cuba,
em louvor de sua diretora, coreógrafa e
primeira bailarina. Era ainda a ditadura.
Junho de 1984.*

A COR DO AMOR

*Em memória
de Suely Piazetta*

Na cor lilás das tuas pétalas
dorme a dor encardida
se quem nem a dor viu.
Nem além nem aquém
da flor que só o amor dá.

Parece um sol, botão
que vai se abrir, rosado:
é a rosa que anuncia
o coração se abrindo.

O campo dorme dourado
enquanto a flor acorda
de estrela na corola,
pelo milagre simples
do orvalho da aurora.

Um dia que não tarda
(podes ver do teu jardim?)
os homens vão andar
entre as flores que inventaste,

e aprenderão a ver
a cor do amor.

ERA UMA VEZ UMA ROSA

Para Rosamar Corcuera

Que nasceu numa terra encantada
    banhada pelo rio Solimões peruano,
    que tinha asas em lugar de pétalas,
    olhos em vez de espinhos, que gostava
    de se transformar em pássaro noturno,
    era pungente o seu canto quando se despedia
das estrelas, suas amigas, de quem ouvia histórias
    de seres celestes que se amam,
    e depois dormia, sonhava com o mar,
    anoitecia verde, maravilhada de sal
    surgia como estrela vespertina,
amanheceu barco todo embandeirado
    de girassóis e gaivotas, ela viajava sozinha,
os peixes voadores lhe abriam rumos, de longe se ouvia
    o seu canto que alcançava a selva inteira,
    os pássaros a escutavam silenciosos
    e até animais grandes, a anta, o veado-galheiro,
    até os felinos, ficavam parados, seduzidos
    pelo seu sortilégio sonoro, até que um dia
    o barco da rosa levou sumiço, então foi quando
ela apareceu vestida de verde de todas as cores,
    conversando com as árvores, dormia acariciada
    pelo balanço tenro dos capins da margem,
    virou moça nadando nua, colhendo ervas
    e folhas de plantinhas silvestres, capim-santo,
    sândalo, vindicá, pinhão, para o seu banho de cheiro,
    e se inventava de muiraquitã lilás, jasmim da noite,

enfeitiçava caboclo pescador em noite de lua,
    virava tajá-mulher, banhada de sal do mar,
    foi quando as crianças começaram a dizer
    que ela era a rosa do mar e o nome dela
agora e de por sempre é *Rosamar,*
a moça da floresta da montanha branca,
no dorso de um hipocampo de asas transparentes.

Lima, Cuzco, Ponta da Gaivota,
no mar pernambucano, rio Andirá.
De 2002 a 2014.

LOUVAÇÃO DA LUZ DE SÉRGIO RICARDO

Sérgio som feito de luz
encantada, ergues sonoro
um caminho de esperança.
No teu peito uma voz dança
que aprendeste com a vida,
sofrida voz, do teu povo.

Sérgio, palavra lavrada
derrama orvalho que lava
dor, cegueira e solidão,
cantada para acender
a treva do calabouço.
Sérgio que faz do silêncio
(cala a boca, moço)
o estrondo da multidão.

Sérgio lembrança de palcos
brasileiros, a teu lado,
ouvinte mais que parceiro,
privilegiando a verdade
da vida em tua canção.
Sérgio clara voz do amor,
Que Glauber quis no sertão.

Te entrega, Corisco,
Eu não me entrego, não.
Eu não sou passarinho,

Pra viver lá na prisão.
Eu só me entrego na morte
De parabellum na mão.

O sertão vai virar mar
E o mar vai virar sertão.

Morro do Vidigal, 2012.

PARA LA NAVIDAD DE PABLO MILANÉS

Yo vengo desde muy lejos
y llego desde muy cerca
porque siento que me espera,
ya reconoce la música
de mis pasos en el aire,
un corazón compañero.

Yo vengo para entregar
un cántico de los pájaros,
un recado de los vientos,
mensajero soy del verde
corazón del Amazonas,
de una delicada nube
vestida de bailarina.

Traigo unas rubras *bromélias*
y transparentes orquídeas
para cantar en la fiesta
de la llegada a este mundo
de Paulinho Milanés,
poeta mi compañero
a quien escribo feliz
con su canción que revela,
lo que pareja que se ama
precisa *para vivir.*

La Habana, 2009.

VENTOS AMIGOS

Tantos os ventos são nesta floresta
que me contam cantando as mais antigas
   ensinanças de amor e de aprender
a repartir a vida a todo instante.
      Mas um deles – que apenas me aparece
      quando o terral não sopra, a tarde acaba
       e de repente o verde me anoitece
     o dia sem estrelas – sempre chega
    para me dar o amor que, lá de longe,
    do outro lado do mar, estão sentindo
   por mim, sem me ter junto, mas tão perto,
    irmãos de sonho e exílio, casa aberta,
Alaíde e Adão Pereira Nunes,
do meu rio, que dança na ternura,
aos dois envio um ramo de esmeraldas
na brisa da restinga goytacaz.

28 de julho de 2011.

UM RAMO DO RIO ANDIRÁ PARA EUCLIDES

Não venho, Euclides, para te louvar
o dom, já de nascença, de inventar
constelações sonoras diamantinas
e um jeito todo teu de reuni-las
(como quem junta espinhos de bromélias
a pétalas de orquídeas orvalhadas,
mandacarus talhados a facão,
os ermos desolados de caatingas)
para nos revelar, bem aprendeste
com os araticuns e ouricuris
com o jagunço que vê e não é visto,
de que argila se fez o nosso sonho,
de que sertões se fez a nossa força,
de que amarguras e desesperanças
se faz e canta esta nossa aventura
de amar e de sofrer e de ser povo.

Não, Euclides, não venho comovido
celebrar o teu verbo, flor de pedra,
que de tão poderoso se fez simples
como água, para guardar a verdade:
o sertanejo é, antes de tudo, um forte.
Não é frase nem verso, mas emblema
dessa bravura que impregnou tua alma.

Aqui te venho da minha floresta,
cujos verdes varaste com paixão,
só para te contar que tantas crianças,
de coração caboclo e sertanejo
estão de pé na beira do barranco,
o olhar ardente na curva do rio,
esperando, faz tempo, não o barco,
a chegada do amor, que não dá flor
na mal-agradecida mão da pátria.

PÁTRIA DE TODAS AS ÁGUAS, VERDE DE TODAS AS CORES

*Pela paixão amazônica
de Alfredo Loureiro*

É UMA QUESTÃO DE AMOR

*Para Marina Silva,
exemplo estrelado*

I

O que é o meio ambiente?
É simplesmente uma casa,
só que grande já demais
(às vezes fica pequena).

Dentro dela cabe o mundo,
cabe o sonho azul profundo,
a treva da madrugada,
o tudo dentro do nada,
e, mais do que tudo, cabe
o amor que essa casa tem.

Amor: dar e receber.
A casa gosta é de dar,
sabe que é sempre a melhor
maneira de receber.

O seu nome é lindo: Terra,
céu e chão da Natureza,
mãe da sombra e do esplendor,
do orvalho e do temporal.
É a Gaia do mito grego.
Já não é mais um segredo
que ela é um ser vivo também.

Só vive de inventar vida.
Cada coisa que ela cria,
pássaro, nuvem, lajedo,
oceanos, constelações,
é pra dar contentamento
a quem mora nela e dela.

Sua invenção mais poderosa?
O manancial que não cessa.
Sua glória e sua festa
é ter plantado a floresta
na vastidão amazônica:
pátria de todas as águas,
verde de todas as cores.
Mãos de mágicos poderes,
prontas sempre a bem servir.
Voo sereno de garças
ensinando paz aos homens.

II

Mas da multidão de seres
que ela gerou, cuidadosa,
de todos, seu predileto,
o Humano, feito e perfeito
das virtudes dos seus verdes,
o único a quem deu o dom
de se indagar e escolher,
mal nascido, a malquerença
da cobiça o converteu
em maldoso Desumano:

Animal ímpio, feroz,
que lhe vem varando o ventre
com lâmina envenenada
de gás, fogo e ingratidão.

A Terra sabe ser mãe.
Queimada e compadecida,
persiste fiel à bondade,
que é seu destino e seu dom.

Ela te ama e estende a mão.

III

Dos seus âmagos em brasa,
das flores desarvoradas,
das asas enlouquecidas,
quando anoitece – ouve bem –
se ergue um pungente clamor.
Não é grito de guariba,
não é esturro de onça
nem silvo do Curupira.
É a mata pedindo ajuda.

A Floresta é a tua casa,
cuida dela com amor.

*Rio Andirá, Barreirinha,
no coração do Amazonas, 2008.*

A ARTE DE FRANS KRAJCBERG

Homem filho de altas neves
tinha destino traçado:
amanhecido chegou
aos âmagos encantados
da floresta que o esperava.
Entendeu o idioma verde,
a ardente voz dos temores
e o segredo dos milagres.

Ouviu o seu nome. O chamado.
Atendeu e se encontrou,
inteiriço, cara a cara:
Foi quando viu, assombrado,
o fogo mordendo o amor,
os troncos guardiões do tempo
vergados pelo terror
de seus ardentes anéis.
Enlouquecidos os pássaros
erradios se perdiam,
esquecidos dos seus cantos.

Os lenhos esbraseados
confiantes lhe revelaram
mananciais escondidos,
sortilégios ignorados.
Frans abraçou o seu destino,
com metáforas de mármore,

e a harmonia dos vazados:
mais apaixonadamente
com os sonhos da madeira,
que fogo nenhum consome.

O que a chama devorou
de novo nasce das mãos
do artista, frágua de sonhos.
Se desolado descobre
um sonho despedaçado
pela cegueira perversa,
com as unhas da paciência
ele vai unindo, unindo,
não dorme enquanto não surge
a criatura. Toda inteira.

É sua parte, sua linguagem
luminosa de servir
mais que à vida da floresta,
ao povo que vive dela.
A arte de Frans Krajcberg:
beleza em fúria,
coragem que assombra,
rosa nascendo da brasa.

2012

CRIADOR FAZ É ASSIM?

*O vento geral do Andirá carregou este
diálogo entre Thiago de Mello
e a acapurana para além de Barreirinha
– e houve quem ouvisse,
sob a pele da conversa,
o canto do rio às duas da tarde.*
                                    Claudio Leal

Faz como tu, acapurana,
que inauguras cores novas
para dar à primavera.
Como tu, que inventas verdes
para as favas que debruam
o teu perfil soberano.

– Traz o Frans para o Andirá
(*me sussurra a árvore amiga)!*
A resina dos meus âmagos,
guardo para as suas mãos,
doçura tenra de folhas,
afago pro seu olhar.

Já que me abriste segredos
das artes desse homem bom,
irmão das árvores, vou
por vez primeira dizer,
eu que te revelo tudo:
na mais grossa curvatura
do meu tronco, dentro dela
vive um cavalo rosado
de olhos verdes, tremo toda
quando ele veloz percorre
o campo dos meus silêncios.

E na forquilha que se abre
lá na altura, faz morada
um pássaro desconforme
de belo, todo esmeralda.

Noite de treva e trovão,
abre majestoso as asas
cantando e com ele canta
a multidão colorida
dos pássaros da floresta,
despertos para cantar
a chama que se ergue e chama
cantando pedindo amor.

2012

FLORESTA 500 ANOS

Para o Amazonino Mendes,
que sabe ser filho dela

Me dizem manancial
de vida, o mais precioso
pedaço verde do mundo.
Eu digo o mais descuidado,
gosto de delicadeza.
Já que estão me convidando
para dançar lá na festa
do Brasil 500 anos,
melhor é que eu diga tudo.

Estão me dando sumiço,
faz tempo andam me queimando,
me cortando, escalavrando
o que tenho do que é bom
para quem vive no mundo.
Vão me levando em pedaços
para o outro lado do mar.

Não padeço só por mim
do descaso e da ruindade.
Sofro mais pelo meu povo,
que vive em mim e de mim
e já está é sentindo medo
de perder o que é tão dele,
minhas seivas, meus tutanos
e as virtudes encantadas

que curam seus maus-olhados,
os do corpo e os das visagens.
Convite desajeitado,
cara de consolação.

Não vou nem levo os meus rios,
que não andam bem das águas.
Com o meu dom de renascer,
tem quem me tome por moça.
Mas sou antiga já demais.
Estou ouvindo o Jurupari
me falando pra ficar.
Vou dançar é com os ventos,
os rebojos, os banzeiros
e descansar no igapó
na sombra da sumaumeira.

E ainda que eu bem quisesse
valsar no salão da pátria,
me falta traje de gala.
Meu vestido de esmeraldas
está todo esburacado.

VAI PARA O BANCO DE MOGNO

Para Cíntia Barreto

Tua poesia, Cíntia,
ficou semente
na minha terra molhada.

Hoje acordei rio manso, te alcancei
no banco ao lado da minha rede,
defronte da mãe do rio,
onde guardo os poetas que gosto de reler.
Não sei se são grandes nem maiores,
são os que gostam de mim e me dão
essa alegria que só a Poesia sabe dar.

Então eu fiz um lugar maneiro
para o *Entre Nós*, ficou jeitoso
na peça antiga de mogno.

Hoje vi que ele amanheceu contente
juntinho do *Canto Geral* do Carlos Pena Filho,
do *Frauta de Barro* do Luiz Bacellar,
da *Antologia* do Ruy Barata.
O Bandeira ficou só te olhando.

Enfim, acordei rio manso,
levantei cachoeira
com a tua correnteza.

Primavera de 2014.

LUCIDEZ E DEVANEIO

Contente de antigo enleio,
meigo e longo como o seio
da linha de um banda de asa,
leio e releio o *Relato*,
que aconchega lucidez
e devaneio e me ensina
porque Milton ao mundo veio.

Para cumprir sua dura
e doce destinação,
bem servida pelo dom
e labor da contação:
é quando a palavra ganha
poder de sonho e de ação.

Só assim é que Milton pôde
abrir porões, farejar
encantos e sortilégios,
desventuras de azulejos
e desvelar os segredos
de conversas de calçadas,
desvelos de vizinhanças,
a atração de águas escuras,
amores e dissabores
da cidade que me fez.

O *Relato* lembra prendas:
a flor lilás de um jambeiro,
a descoberta da fala,
um cabo de narguilé,
vinte e oito casas lunares
onde habitam o alfabeto,
o homem na plenitude,
as goivas e cimitarras,
a pérola protegendo
o instante em que Deus criou
as orquídeas, alimárias,
a vida urdida no Líbano
empilhada sobre a sombra
do pêndulo do relógio.

Ler é saber: *a floresta*
e a cidade, duas mentiras
separadas pelo rio.
O paraíso se encontra
no dorso dos alazães,
nas páginas de algum livro,
te espera por entre os seios
de uma mulher. Essas coisas.

Mas no furor das golfadas
do vento eterno, no aviso
de mil bocas das metáforas,
na indecisão dos pretéritos
mais que perfeitos, na fala
dos silêncios, no rumor
noturno por sobre as águas,
no cupim da ostentação,
*num amálgama de enigmas
e na perversão urbana*
de certo antigo oriente
a contação já revela
a Manaus que se desfez.

Tomo o peso de cada sílaba,
apalpo a música dos fonemas,
cheiro a cor do pôr do sol
escondido nos vocábulo
e contente me dou conta
de que ao recompor o poema
eu simplesmente

*moldava,
modulava a melodia*

que tanto e em vão procurava
desde o sol da minha infância.

> *Os versos em itálico são redondilhas encantadas que recolhi do* Relato de um Certo Oriente, *romance do amazonense Milton Hatoum.*

CHICO MENDES: SONHO QUE CRESCE NO CORAÇÃO DA FLORESTA

I

Não frequentas mais
de corpo comovido,
os espaços do mundo.
A medida do tempo não te alcança.
Ganhaste a dimensão do sonho,
és luzeiro da esperança.

Chegado foste ao mundo
– fronte estrelada,
peito caudaloso –
para que te cumprisses
na construção do triunfo
do que no homem,
é orvalho indignado.

Atendias a altivos chamados:
a floresta e os seus povos
precisavam (precisam)
da esperança com que semeavas
e o poder da descoberta
de que o amor é possível.

II

Os inimigos da vida,
tremendo de medo da aurora,
ceifaram ferozes
o teu caminho escrito
por indeléveis letras,
na verde verdade
do chão de cada dia.

Doidos por sumir contigo,
cuidavam que podiam
amordaçar a fé
no reinado da justiça
e converter em moeda
o esplendor da primavera.

Nem pressentiram
que és da estirpe dos seres
que nascem para permanecer.
Agora inabalável,
prescindes de corpo.

III

Perduras e és conosco.
Nos levas, te levamos.
Eis que a vida do homem
é o que ele faz e fala
e se faz fundamento
do que será o porvir.

A tua própria morte
é chama que nos chama
para levar o barro,
sacudir a piçarra
aparelhar os esteios
de *maçaranduba,*
e ajudar a construir
as esplêndidas cidades.

Por isso te canto, irmão.
Tu nos tornas capazes
de cuidar do chão e do céu
do reino da claridade
que é nosso berço e morada.

Avançamos pelas veredas
que ajudaste a abrir
e para que não nos percamos,
deixaste estrelas cravadas
nos troncos das seringueiras,
nas *sacopemas* das *sumaumeiras,*
nas palmas dos *inajazeiros,*
e até nas favas morenas
da *acapurana* menina.

O lampejo sereno dos teus olhos
dança nas escamas esmaltadas
que nascem da confluência
das águas dos rios Acre e Xapuri.

Deixa eu te revelar que às vezes
nos morde uma sombra de desânimo
e nos estremece o espanto
perante os terçados da opulência
que não dorme e é cheia de olhos.

IV

É quando os pássaros da floresta
nos acodem confiantes,
as corujas se despedem das estrelas
cantando as sílabas alegres
do teu nome de menino.

Por tudo que nos dás,
te trago o som dos remos
dos pescadores de pirarucu;
trago a palma dançarina
dos meninos da várzea,
barrigudinhos, magrelos,
mas que já estão na escola.

Trago o canto do sindicato
dos pássaros de asas queimadas
pelas brasas desumanas;
o suor das quebradeiras de coco,
das fazedoras de farinha-d'água,
das amassadoras de *açaí*.

E termino este aceno de mão agradecido
com o abraço das crianças amazônicas
que ainda vão nascer, abençoadas
pelo majestoso arco-íris de amor

que se ergue da úmida seiva da mata
das terras firmes do teu *Xapuri*,
com as cores de todas as raças humanas.

Primavera de 2008.

FAZ ESCURO MAS EU CANTO

Com Almino Afonso, no Chile

É PRECISO FAZER UMA BANDEIRA

Para a Alice Maria

Ergamos, mas agora, uma bandeira
para ajudar, perdido no caminho,

o homem a se encontrar com a sua infância,
ser cada dia um pouco mais humano.

Bandeira toda feita de certeza
e não apenas de esperança alada.

Que pressinta, ouça o chamado e saiba
se desfraldar sozinha, e logo leve

rumo feliz ao vento e segurança
ao coração do barco que faz água.

Que leve claridão ao pensamento
e devolva esplendor à relva seca.

Vamos fincar, de nós depende, o mastro
no peito indiferente e a voz vergada,

sobre o fogo do mundo que devora
o que resta de amor por sobre a terra.

Solidária sua asa se prolonga
e envolve os quatro pontos cardeais:

da cordilheira branca, do mar alto,
da praça popular e do palácio,

no centro azul do espaço ela reúne
as diferenças todas (de onde venha,

o ser humano é o mesmo) e as dissolve,
sacudidas pelo redemoinho

de astros bondosos. De regresso ao chão
e ao pão de cada dia, elas renascem,

e ganham viço a dor e, ao mesmo tempo,
o escárnio cego das desigualdades.

Vamos erguer agora e sem demora
a bandeira que está fazendo falta,
para as crianças nascidas sem aurora.

É a própria Terra que precisa dela.
Uma bandeira feita para a moça
cabocla professora tão bonita,
que já maldiz a vida que envilece,
tem filho na calçada e todavia
conversa com as estrelas e ainda canta.

Madrugada de 11 de março de 2014, na Manaus que me fez e a estupidez desfez.

AGENDA PARA OS ESQUECIDOS DA INFÂNCIA

Os esquecidos, que nem se sabem esquecidos,
não se lembram mais das andorinhas da noite
no arame do quintal, do nome completo
da professora dona Aurélia, do jeito que a mãe
tinha de catar a espinha do curimatã,
não sabem mais cheirar o tempo para saber
se vai chover, tomar a benção, flechar o papagaio
contra o vento,
entretanto e ainda bem,
incapazes de confundir a casa,
porque só sabem, maravilhosamente sabem,
que uma casa, de taipa ou de tijolo,
de telhado de palha ou de telha italiana,
é o que não é edifício querendo rasgar o céu,
não tem alma de pedra, mas de aconchego,
de amor geral e repartido.

Confundir é esquecer, um jeito de perder
o que lá num lugar esquecido do peito
fica faltando.
Não é preciso dar exemplos. A não ser
o verdadeiramente necessário,
porque convém, convém e não somente
é bom que se confundam, é indispensável.

Porque mais do que perfeito, como no modo
do verbo Ser decorado no Grupo Escolar
e a modo de simples anotação que se faz
numa agenda de bolso,
fique o exemplo
das vidas que por amor e de amor se confundem,
como duas crianças repartem a merenda
e como a própria aurora se reparte.

A ESTRELA DA MANHÃ DO EXÍLIO

Vi hoje pela primeira vez
a estrela da manhã nascendo
no anoitecer do exílio.

De repente ela me apareceu,
posso dizer que ela me chamou,
em frente da janela aberta.

Os passarinhos de Mainz
desfraldaram um canto novo
para receber o sortilégio
dessa estrela que precisa
do escuro para poder viver.

Mainz, 1974.

O IMPÉRIO CONCEDE

Tantas são as implicâncias,
olhos vesgos rancorosos,
porque fiquei dono do mundo,
da terra e *of the space also.*
Sei que incomoda.

Pois então concedo e espero
que se diga, mas não como no Brasil,
que virou moda: *tudo bem.*
Um mundo livre de armas nucleares,
é o que todo mundo quer.
É a Proposta de Paz, do Dr. Daisaku Ikeda.
Lição de perseverança.
Pois então eu também quero,
para o bem da humanidade.
Faço parte dela, por sinal parte bem grande.

Querem saber? Eu nem penso
em usar as minhas ogivazinhas,
tanto tempo preservadas, como um museu,
nos porões cuidadosos do Pentágono.
Pois vou mandar destruí-las todinhas.
I beg your pardon, umas duas ou três ficam,
mas só de recordação. Homenagem
aos cientistas seus inventores.

Se alguém gritar que vem me jogar pedra,
se está inventando arma traiçoeira,
mando lá ver direito como as coisas andam.
Os meus *marines* me contam.
É assunto para mísseis.

O mundo livre de armas nucleares:
pode contar comigo. Só desejo
que os companheiros do urânio
sigam o nosso exemplo.
Embora reconheça com pesar
que pouco se acredita no que digo.

EDITORIAL DO *JORNAL DO COLÉGIO*

*(redigido pelos alunos do Colégio Socorro
Dutra, no coração da floresta)
Para José Ribamar Bessa*

Temporais danados, ventania doida.
Lago fervendo, as roças se alagam,
barranco despencando, terra se sacudindo,
é cada desastre em tudo quanto é canto,
nem a floresta se salva, é cada incêndio!,
lá no estrangeiro a neve dos ursos se derrete,
furacões, a terra treme no norte e no sul
no mesmo dia, o mundo se apavora,
vulcões ardendo onde era só campina,
barrancos caindo, casas despencando,
ventos quentes, as pessoas se sufocam,
o mar afoga as ruas, barcos sobem no telhado,
pencas de gente sem lugar pra morar,
é sangue pra todo lado, os soldados ajudam,
crianças dormindo no chão e gente morrendo,
sai todo dia na televisão, ninguém aguenta,
lá no São Paulo e no Rio chove sem parar,
as ruas viram igarapés, os carros se afogam,
o rio aqui subindo alto quando é tempo de vazar,
ninguém de nós sabia o que era ciclone glacial,
o diretor da escola, seu Nicolau, ensinou
que é um vento danado de frio, chega gelou
a cidade do país que pisou na lua,
os raios derrubam árvores, trovões medonhos,
a gente acha que o céu está é zangado conosco.
A televisão só diz que os climas estão mudando,
a gente acha é que o céu está zangado conosco.

A professora Esperança, como ela é sabida,
foi quem disse a verdade e deu a causa
disso tudo que está acontecendo:

– *A Terra, quer dizer, o nosso planeta,*
que é tão bom, dá tudo que a gente tem,
o ar que se respira, a água que mata a sede,
dá a própria vida, pois só nele é que tem vida.
Pois o planeta está é morrendo de calor,
se retorcendo de agonia, todo empolado.

– *Foi o Sol, não foi, dona Esperança?*
uma aluna perguntou.
"– *Não, minha filha,*
a Terra é doida pelo Sol.
A causa dessa desgraça desconforme
é a gasolina, que o homem tira do petróleo.
Quando ela é usada para o motor andar,
o da fábrica, do carro, do avião, do navio
e até o da rabeta da nossa canoa, Deus te livre,
a roda vai girando, a turbina vai rodando
e vai saindo um gás, uma fumaça quente,
o terrível gás carbônico, que se espalha
se impregna no ar, então foi subindo, subindo
a temperatura da Terra e chegou ao limite
da sua resistência, coitada. As terríveis coisas
que vocês estão vivendo e vendo na televisão,
são as consequências do sofrimento do planeta,
sinais que ele dá, avisos do que pode acontecer"!

Um aluno, muito impressionado, comentou:
– *O melhor que a gente faz é acreditar no que diz
o Seu Coracy:*
"*Aqui tem é mata já demais,
Não se acaba é nunca e Deus é grande.*"

Mas a estudiosa Sophia encerrou a aula:
– *Acho que o Seu Coracy
não estudou com a Dona Esperança.*

==================

Acabei de ler o editorial do *Jornal do Colégio*
e escrevi no meu Caderno de Anotações:

"*Como é que nós, os humanos, filhos da Terra,
seres feitos do seu barro,
que nos deu a própria vida,
vida privilégio dela,
único planeta onde a Vida existe,
fomos capazes de tanta maldade.
Sempre canto a bondade da Terra. Ela nos adverte
que nos seus antros se urde um imenso resplendor,
quem sabe de um incêndio geral, ermo de cinzas.
Tomara que de um novo amanhecer.*"

2014

MÃO DO LIXO

*Para as crianças brasileiras
que estão nascendo*

A mão com que cato o lixo
não é a que eu devia ter.
A minha mão o que quer
na mesa da minha casa
o bom pão de cada dia.
Como não tenho, então venho
catar no lixo o que os outros
não quiseram, virou lixo.

Não faz mal se ficou sujo,
se os urubus beliscaram,
se ratos roeram pedaços.
Do que ia matar minha fome
mesmo estragado me serve,
porque fome não tem luxo.
A mão com que cato o lixo
não é a com que nasci,
foi feita pela nação.

Quando como coisa podre,
depois me torço de dor,
fico pensando tomara
que essa dor um dia doa
nos que têm tanto, mas tanto,
que fazem pão virar lixo.

Com meus dedos no monturo,
me sinto um lixo de infância.
Não pareço, mas sou criança.
Por isso enquanto procuro
restos de vida no chão,
uma fome diferente,
quem sabe é o pão da esperança,
esquenta meu coração.

Que um dia criança alguma
do meu país e do mundo
seja mão virando lixo.

Escrito a pedido da Unesco.

VOU DE GEIR E DARCY

Não faz mal que amanheça devagar.
[...] o que nos cabe é ter enxutos
os olhos e a intenção de madrugar
Os versos do Geir, meu hipocampo,
me animam para não me desprender
desta esperança, por mais que me queime,
de que um dia, já não importa quando,
desde que seja no reinado humano,
o ser indiferente à dor alheia
aprenda a conjugar o verbo amar.

Concedo, todavia, vem um dia,
fatigado demoro a me livrar
do desgosto de sentir esse gosto
amargo e sem cuspir ao ver que tarda
a mudança da vida degradada:
o mundo se acostuma ao desamor,
o país se afeiçoa à desvergonha
dos governantes e fica mais rico,
a criança pede pão e come escárnio,
a grávida na fila espera a vaga,
pare o filho na porta do hospital.

Melhor será *dormir, sonhar talvez*
que chegue a vez do povo, a voz que muda,
mas o Darcy, o amado companheiro

de luta e exílio, agora entre as estrelas,
me relembra
mão na minha,
o recado derradeiro:

-- *Faz a tua parte, Thiago,*
não desanima,
um dia o Brasil vai dar certo.

No dia seguinte ao do centenário
da Academia Brasileira de Letras, Rio.

ASSIM SEJA

Para o dr. Massanobu Takatani

Como o vento ajuda o pássaro
no voo de asas imóveis,
como abelha leva o pólen,
para que a flor vire fruto,
como a chuva que alivia
a relva seca do campo,
chega de comparação.

Assim solícitos sejam
ao alcance de quem carece,
o milagre da tua ciência,
teu coração solidário.

UN CANTO DE CINCO NIÑOS
A LOS QUINCE DE LOS CINCO

Tu poema, Antonio, me llega
como um pájaro mojado,
parece herido, que posa
en el silencio sonoro
de mi floresta, cantando:
Son los quince de los cinco.
Quince años serán mañana
de los cinco mis hermanos
heridos por la tiniebla,
pero fuertes de esperanza
y verdad, por tu poema
me abrazan, llenos de luz.

Para contestarte, Antonio,
llamo a cinco niños, llegan
contentos bajo la lluvia,
les digo vamos cantar
de manos dadas, rodando,
uma cantiga de amor
bien fuerte para que llegue
al profundo corazón
de cinco lindos hermanos
que están presos, van a hacer
quince años, porque pelean
– ciertos de que vencerán –
por el reinado, en el mundo,
de la aurora y la infancia.

Ciranda, cirandazinha,
vamos todos cirandar,
cantando: Los cinco hermanos
vencerán, ay, vencerán.

*Madrugada del 10 de septiembre,
Floresta Amazônica, 2013.*

LOUVAÇÃO DAS RECEITAS ENCANTADAS DO POETA NICOMEDES SUÁREZ

Com úmidas palavras que aprendi
no silêncio molhado das funduras
do rio que me leva desde a infância,
cantando vou chegar a Santa Cruz,
(bella tierra de mi corazón
que chorando deixei, tempo de amor não passa)
só para te abraçar, meu Nicomedes,
poeta amado, filho da floresta.

É preciso contar, melhor cantar
abril já vem, o bem que nos fizeste
com as tuas receitas encantadas
do que nutre a floresta e o próprio povo
que vive nela e dela. Deus achou
por bem te avisar do que são feitas,
confiante no poder da coração
da tua inteligência imaginária.

Tu, Nicomedes Suárez-Araúz,
poeta de nascença, com amor
e o fulgor musical, canto de pássaro,
dos teus versos, mais do que criar,
fundas a nossa própria explicação,
uma verdade real e, ao mesmo tempo,
um idioma inefável, alimentada
de sol e sombra, água e madeira, nuvem
e laje, o galho duro de um relâmpago;

de um descanso de quatrocentos anos
só para descobrir na mandioca
a festa da farinha, o chocolate
espesso de uma noite, a luz da aurora.

Verdade adormecida na fatia
de um silêncio, sonho inacabável,
de um rio cortado em rodelas;
com duas gemas de um sol tardio,
cem léguas de floresta e mais a casca
de povos circundantes, com o gosto
do sonho que Orellana gravou na água
em mil quinhentos e quarenta e dois,
um ano que alimenta o nosso tempo.

Tu nos ensinas a varar milênios
(no chão estrelas e árvores no céu)
e regressar trazendo o amanhecer
de um novo dia esgarçando a treva
a conhecer a voz da primavera
e soletrar as sílabas do vento.
Plantas o dom de dar, como a floresta
nos entrega segredos escondidos
e riquezas ignoradas que esperam,
como relva da noite espera o orvalho,
o merecido amor de quem trabalha.
Descobriste que a tinta do escritor

da floresta pode gravar no céu
um bando de abutres a limpar
a carne dos esqueletos dos dias.

Guarda o abraço, Poeta, o meu e o das crianças
que ainda vão nascer nas ribanceiras
para onde voltarei. Vou te levando.
Sempre a teu lado estou quando te leio:

Fios de água, filhos da água,
que caem sobre o pó,
argila viva somos
para jamais nos separar.
Ainda que não exista distância entre nós
e os pássaros que morrem na noite,

versos que traduzi para inflamar
a frágua da esperança boliviana.

Santa Cruz de la Sierra, verão de 2014,
a floresta vai ser salva.

A TERRA TRAÍDA

*Para Pedro Simon,
extraordinário brasileiro*

Alma inflamada, minha pátria
padece em suas artérias esgarçadas.
A perda da ética,
doença de contágio vertical,
se alastra pelo sangue da nação
desprotegida pela indiferença.

Pergunto por que
nunca se mentiu tanto no Brasil?
A verdade se encolhe, acanhada
de mostrar a ferida do seu corpo.

A tal ponto esta terra traída
se desfez dos anticorpos da vergonha,
que não percebe os sinais de sua ruína,
a queimadura já cobre a pele do sonho,
estremece os esteios da esperança.

As mais belas virtudes humanas,
enraizadas pelos séculos na alma da raça,
valores mais poderosos do que leis,
guardiãs da beleza do convívio

– delicadeza,
bondade,
respeito,

retidão,
decência, mão solidária,
sinceridade,
ternura,
respeito, solicitude,
confiança –

todas ameaçadas de extinção,
como certos pássaros da floresta.

A esperança está na flama
que nunca se apaga
no coração dos que perseveram.

***

Advertência:
quando queimam a mata,
enlouquecidos de pavor,
os pássaros se esquecem dos seus cantos.

POEMA PERTO DO FIM

ACERTO DE CONTAS

Estou e sou nos meus livros,
nada mais tenho a dizer.
A não ser as redondilhas
que se desprendem de mim
e já faz tempo me pedem
um lugar perto do fim.

Com Poesia, Deus me livre,
não se brinca. O meu verso
ganha o vento que merece.

Isento de mim, não limpo
a sombra que o tempo faz.
Respondo pelas audácias
do meu tempo de rapaz;

fiz coisa demais na vida,
que nem dá para contar.
Mas de todas, guardo o gosto
do que eu quis tanto e não tive.

Acerto contas com quem?
Comigo. Quero sentir
se o resultado serviu
aos outros. E a mim também.

Os erros que cometi,
tantos foram, mas nenhum
levou maldosa intenção,
nem sombra de desamor.

As estrelas que me cobrem
a serena solidão
me dizem que ouvi demais
as línguas do coração.

Concedo (não sou infenso
à fala dos pirilampos)
que nem sempre me dei bem
quando fui pelo que penso.

Guardo o que aprendi de moço,
o Hölderlin me ensinou:
O homem, quando sonha, é um deus.
Quando reflexiona, é um mendigo.

Erro que gravo sem pena
(pedi licença a meu rio):
me esquivei de gesto ameno
resguardando o meu umbigo.

Reconheço, disse em vão
que tudo estava em meus versos.

Fiel ao que faço, dei pouco
a quem mordia carvão.

Não é fácil, me recordo
do que faz tempo escrevi:
Muro invisível existe
entre o dizer e o fazer.

Nem me compensa saber,
já faz tempo que aprendi:
o bom de dar é a alegria
da mão que vai receber.

Parece que me despeço
das contas por infeliz?
Engano de quem não sabe
quantas graças mereci.

Nada tem a vida a ver
com o dissabor do espinho.
A vida sou eu no mundo
com os outros. Mesmo sozinho.

O mundo apronta das suas.
Me salvei de um terremoto
nos Andes. Milagre existe.
Se eu contar, ninguém me crê.

Meu caminho fatigado
de Bandeira não se esquece:
O que não tenho e desejo
É que melhor me enriquece.

Levo (será que virtudes
herdei de quem tanto amei?)
a ternura do Zé Lins
e o candor de Pixinguinha.

A memória nada nova
se renova quando traz
as asas do cisne negro
a dança da Rosanova.

No silêncio da floresta
amanhece a luz de um som:
o do enigma abrindo a flor
na arte clara de Drummond.

Dons que se abraçam: bondades.
Tive tantas, mas a dádiva
que mais perdura em meu peito
é o diamante da amizade.

Desta verdade dou fé:
pintor grandioso, homem bom,

sua loucura me salvou.
Luis Felipe Noé.

Sei que já estou dando o prego
(o Armando foi quem me disse),
quando der saudade, lembra
de nós dois cantando, e canta.

Quem me achou foi o Borjalo
(arte de poesia pura):
— *O Thiago não é fácil,*
a clave dele é a ternura.

De vez em quando me vale
o sorriso que nasceu
na face de sofrimento
da Alice Maria amiga,
quando li para ela o apóstolo
Paulo dizer aos Coríntios:
Mais que tudo, vale o amor.

Com olhos que enxergam bem
faz tempo, dói demais, vejo:
o Brasil pobre e decente
ficou rico, injusto e feio.

Agora vale a verdade,
decretei e agora canto
bem alto, porque é preciso.
Nunca o Brasil mentiu tanto.

Não sei se devo, mas conto,
é quase conto de fadas:
achei o sapato da moça,
levei, já estava casada.

Pois conto, como quem canta:
a cantiga que me guia
vem da voz cheia de bênçãos
de minha Mãe dona Maria.

Enxaguo os meus desatinos
no orvalho da Dorsemira
me chamando lá da rede
do barco. Nós dois meninos.

Dei o melhor do que tive
na luta contra a injustiça.
Ficou-me a flor do castigo,
encardida, perdeu viço.

Não me desmaia o assombro
perante a face feroz

da fome. Nem me amedronta
que a coragem solidária
tenha virado favor.

Mudo de clave e cadência,
mas sempre no mesmo tom.
Mamãe foi quem me ensinou
e eu canto: *Jesus é bom.*

Contas feitas, fico em dia
com meu grande provedor,
a quem não só devo tanto.
Dele vivo: o meu leitor.

E a leitora? No poema,
quando é de amor, ela enxerga
o que a metáfora esconde.
Recolhe, canta e me entrega.

Não se acabou, nem minguou
a dor da indignação
crescida em mim pelo abismo
que separa o resplendor
do diamante que escarnece
do zinco do barracão.

Por isso é que não me espanto
quando se ergue do meu peito
límpido canto de criança,
me instigando que é preciso
manter a perseverança
na luta que não tem fim.

*Fim do meu último livro de poemas,
concluído em janeiro de 2015,
no coração da floresta.*

O THIAGO É ASSIM

De Tenório Telles

(Texto publicado no livro bilíngue
*Man: a view from the forest – A floresta
vê o homem*, de Thiago de Mello,
Editora Valer, 2006.)

A literatura não é um fenômeno alheio ao mundo, indiferente à vida, ao ser humano – seus anseios, sofrimentos e esperanças. É, na verdade, a sua expressão. A criação literária é uma evocação dessa relação tensiva, ávida e apaixonada do escritor com a realidade, com a sua época.

A poesia de Thiago de Mello é uma evidência dos compromissos do escritor com os dramas e os desafios de seu tempo. Thiago é um daqueles raros poetas em quem a vida e a obra se expressam, entrelaçam-se, formando um todo orgânico. Seus livros são quadros evocativos de seu itinerário poético-existencial.

Ao longo de sua vida empreendeu fugas, amargou exílios, travou combates, fez-se cantador da utopia, da esperança, do homem, mantendo-se fiel a seus princípios, suas verdades, suas quimeras. Fez sua profissão de fé à poesia. O poeta encontrou sua justificativa existencial na literatura.

O poeta é e fez-se por meio da poesia. É bastante expressivo o fato de ao ter que optar entre a segurança de uma profissão estável e a incerteza material de quem vive do fazer poético, tenha escolhido a poesia. Como esclarece, ao falar de sua formação literária, foi capaz de um gesto de ousadia, decisivo em sua vida:

"Eu fui capaz de uma coisa muito importante pra minha vida, antes de qualquer influência literária. Passava para o quinto ano de medicina, quando decidi enfrentar a sério a opção que se colocava dentro de mim, desde o segundo ano, entre a literatura e a ciência. Eu optei pela literatura, o que entristeceu muito meu pai".

A produção poética de Thiago nasce sob os influxos do mal estar que se seguiu ao término da Segunda Guerra Mundial. Estreou em 1951, com o livro de poemas *Silêncio e palavra*, conquistando de imediato o reconhecimento do público e da crítica. Álvaro Lins, um dos mais importantes críticos daquele período, saudou o surgimento do jovem poeta com as seguintes palavras: "Poetas principais da nossa literatura: estou tentado a pedir-vos um lugar, ao vosso lado, para o poeta de *Silêncio e palavra*. Com vinte e seis anos, e um só livro publicado, o Sr. Thiago de Mello bem demonstra, todavia, que já se acha em condições de situar-se na primeira linha da nossa poesia contemporânea".

Os poemas que compõem o livro são marcados por um profundo conteúdo subjetivo e intensa densidade existencial. Expressão da dor, da agonia do ser humano diante de um mundo em ruínas, subtraído da esperança. A angústia do poeta, sua busca de um sentido para a vida.

Essa temática será recorrente em seu segundo livro, *Narciso cego*, publicado em 1952. Os versos são prenhes de intensidade humana, questionamento sobre o sentido da existência, sobre a dimensão ontológica do homem. Os textos são expressivos de uma percepção fraturada do mundo, eivada de ceticismo, corroídos pela dúvida. Revelação da dor e sofrimento do eu lírico diante de uma realidade absurda, destituída de ternura, seu próprio desencontro existencial.

Thiago de Mello consegue, nas obras iniciais, combinar, de forma criativa e intensa, profundidade poética e rigor no plano da elaboração da tessitura de seus versos. Há em *Silêncio e palavra* e *Narciso cego* ressonâncias da tendência espiritualista da poesia brasileira.

A vida muda e os poetas não estão imunes aos influxos das transformações sociais. O poeta reflete o mundo e reflete-se nele. Esse aspecto terá profundas consequências na produção de Thiago de Mello. O advento da ditadura militar no Brasil, em 1964, o sequestro do sonho, a experiência dolorosa do exílio, os golpes de Estado na América Latina, nos anos 1970, marcaram profundamente sua obra. O poeta assume posição, paga seu tributo à liberdade, modulando seu discurso poético a um conteúdo de forte conotação social, como está evidente no "Artigo I", dos *Estatutos do homem*, escrito em abril de 1964:

"Fica decretado que agora vale a verdade,
que agora vale a vida,
e que de mãos dadas
trabalharemos todos pela vida verdadeira."

O poeta emerge de seus conflitos interiores. Sua poesia desabrocha para a vida, para a esperança na construção de um destino mais luminoso para o ser humano. O marco dessa mudança é a publicação, em 1966, de Faz escuro, mas eu canto. Contra a resignação, o medo e a desesperança, o poeta era chamado ao combate pela liberdade. Transformou seu canto em fogo e arma, colocando-o a serviço da liberdade e da crença na redenção social dos homens. De acordo com Otto Maria Carpeaux, "Thiago de Mello [...] nos inspira coragem. Sua poesia também é relógio: dá a hora do galo que anuncia a aurora", face à violência e o silêncio imposto pelos tiranos.

Apesar dos descaminhos vividos pela humanidade, da violência e da barbárie que nos ameaça, a vida não se perdeu porque a esperança ainda regurgita na consciência dos homens – facho de luz que lhe ilumina os passos e os sonhos. A poesia de Thiago de Mello é afirmativa de sua fé num destino mais generoso e solidário para a civilização. Sua obra é um testemunho a favor da vida, da fraternidade e da utopia. O poema "A vida verdadeira" é uma evidência desse compromisso: "Pois aqui está a minha vida./ Pronta para ser usada.// Vida que não se guarda/ nem se esquiva, assustada./ Vida sempre a serviço da vida./ Para servir ao que vale/ a pena e o preço do amor."

Num tempo refratário à bondade, à nobreza e à verdade, a poesia de Thiago de Mello é um ato de negação da brutalidade e do desamor que esteriliza as almas e resseca os corações. Voz solitária nesse deserto humano que nos cerca e sitia, seu canto é uma celebração da solidariedade, da grandeza e dos valores humanos, da liberdade e da justiça. Por vivermos neste tempo de morte, de almas fraturadas e de banalização do mal, sua mensagem torna-se urgente e imperativa, o que evidencia sua função libertadora e sua universalidade. Até porque, o sonho de dias radiosos e felizes, acalentado ao longo do tempo, ainda não se cumpriu – mas ainda assim o ser humano continua tecendo sua tapeçaria de sonhos. E talvez um dia possamos viver sob o império do bem, da tolerância e da iluminação e a utopia seja um sol permanente em nossas vidas – e assim se cumpra o sonho do poeta que se fez amigo dos pássaros, das árvores, das águas, dos bichos e seres encantados: "Por decreto irrevogável fica estabelecido/ o reinado permanente da justiça e da claridade,/ e a alegria será uma bandeira generosa/ para sempre desfraldada na alma do povo". Apesar da noite e do medo, do silêncio e da morte – nem tudo está perdido.

LEIA TAMBÉM, DE THIAGO DE MELLO

Melhores poemas Thiago de Mello

Um dos nomes mais importantes da chamada Geração de 45, Thiago de Mello ocupa um lugar à parte naquele grupo de poetas, cultores da "poesia do caos". Em mais de cinquenta anos de atividade, o poeta amazonense construiu uma obra sem similar na literatura moderna brasileira, regionalista e universal, libertária, criando o que Marcos Frederico, selecionador e prefaciador dos *Melhores poemas Thiago de Mello*, classifica de "utopia particular".

A utopia de Thiago começou a ser formulada a partir de 1951, com sua estreia em livro, com *Silêncio e palavra*, no qual predominam as preocupações existenciais e a inquietação com a passagem do tempo. O livro entusiasmou Álvaro Lins, que pediu aos principais poetas da época "um lugar, ao vosso lado", para o estreante.

A lenda da rosa (1956) assinalaria a superação da primeira fase de Thiago e a transição para uma poesia de preocupação social, aspirando ao amor e à igualdade entre os homens: pura utopia. A adesão definitiva à poesia participante se daria com *Faz escuro mas eu canto* (1965), no qual o poeta atenua a linguagem subjetiva para falar de realidades objetivas, de ordem social. "Não se trata, nessa situação específica, de fazer prosa em versos, mas de manter-se no fio da navalha da linguagem literária: fazer poesia política, sem deixar de fazer, antes de tudo, Poesia.". (Marcos Frederico). No volume, figurava o poema mais famoso de Thiago, "Os estatutos do homem", mais tarde publicado em sucessivas edições independentes, no qual proclamava a sua utopia: "o lobo e o cordeiro pastarão juntos/ e a comida de ambos terá o mesmo gosto de aurora.". A utopia se manteve ao longo de sua carreira, mesmo nos livros de feição regionalista, mas identificados com o sonho de fraternidade e liberdade. Essa utopia é imortal.

Como sou

Reúne poemas de Thiago de Mello, o poeta da Floresta Amazônica, especialmente selecionados para o público jovem. Os poemas aqui presentes foram escritos ao longo da vida do autor. O livro conta ainda com as impactantes ilustrações de Luciano Tasso, que simbolizam com propriedade o universo cheio de ternura e de perseverança dos versos do poeta.

A luta política, o lirismo, as relações de família, os amores são facetas da obra de Thiago de Mello representadas nesta seleção. "Na antologia *Como sou* eu realmente me vejo", diz o autor, e o leitor tem a oportunidade de descobrir ou redescobrir o poeta sofisticado no construir e simples no dizer.

Neste livro, os jovens leitores poderão ver com limpidez como Thiago de Mello é um poeta iluminado, uma figura ímpar da literatura brasileira, um homem com um "bravo coração de água e madeira". Esse coração solidário, que enfrentou ditaduras e azares da vida, fala sem máscaras em seus versos, com um emocionante domínio da linguagem. É ler para amar.

Amazonas
Pátria da água

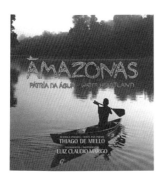

Se a Amazônia é a pátria da água, Thiago de Mello destaca-se como um de seus mais ilustres patriotas. Nascido à beira do rio, o poeta vem cantando a vida e a liberdade, combatendo bravamente em todas as batalhas pela proteção da natureza.

Este livro é um navio, ou melhor, é um daqueles barcos que sobem e descem o imenso labirinto fluvial da bacia Amazônica. Pois aqui você tem, leitor amigo, a ventura de fazer uma viagem inesquecível.

No fim da jornada, a leitura deste livro é enriquecida pelo esplêndido olhar do fotógrafo Luiz Claudio Marigo. Você vai descobrir que o personagem desta aventura não é apenas a floresta, mas certamente o mais belo fruto do seu chão: o homem amazônico, nascido em comunhão com a natureza.